천년의 시 0169

맨홀 탈출기

천년의시 0169
맨홀 탈출기

1판 1쇄 펴낸날 2025년 9월 10일

지은이 한명희
펴낸이 이재무
기획위원 김춘식, 유성호, 이형권, 임지연, 차성환, 홍용희
책임편집 이호석, 박현승
편집디자인 김지웅, 장수경
펴낸곳 (주)천년의시작
등록번호 제301-2012-033호
등록일자 2006년 1월 10일
주소 (03132) 서울시 종로구 삼일대로32길 36 운현신화타워 502호
전화 02-723-8668
팩스 02-723-8630
블로그 blog.naver.com/poemsijak
이메일 poemsijak@hanmail.net

한명희ⓒ, 2025, printed in Seoul, Korea

ISBN 978-89-6021-821-5
　　　978-89-6021-105-6 04810(세트)

값 11,000원

*이 책 내용의 전부 또는 일부를 재사용하려면 반드시 저작권자와 (주)천년의시작 양측의 동의를 받아야 합니다.
*잘못된 책은 바꾸어 드립니다.
*지은이와 협의에 의해 인지는 생략합니다.

맨홀 탈출기

한명희 시집

천년의 시작

시인의 말

노르웨이 어느 산장에서
목마를 만났다
누군가 흔들다 멈춘 자리엔
아직 온기가 남아 있었다

허기가 밀려올 때마다
그 목마를 떠올린다

이 시편들은 사라지지 않는
온기에 대한 기록이다

2025년 가을

차 례

시인의 말

제1부

산길 ——— 13
맨홀 탈출기 ——— 14
눈송이의 거처 ——— 16
온도의 기록 ——— 17
기억의 반경 ——— 18
빗방울 벽화 ——— 20
흔한 뉴스 ——— 22
소문의 색깔 ——— 23
환절기 ——— 25
그림자놀이 ——— 26
벽돌 쌓기 ——— 27
여행길 ——— 28
갇힌 말 ——— 29
오후 2시 ——— 30
쉼표 하나 ——— 32

제2부

다시 첫걸음 ——— 35
혼자된다는 것은 ——— 36
들꽃 무덤 ——— 37
목련 ——— 38
펜션에서 ——— 39
비의 언어 ——— 41
피서법 엿보기 ——— 42
화환들이 줄지어 서 있다 ——— 43
낡은 의자의 자리 ——— 44
잠을 몰다 ——— 45
전화번호 ——— 46
동화의 나라 ——— 47
천장에 별이 뜨나 ——— 48
지금은 휴전 중 ——— 49
그 자리 ——— 50

제3부

상고대 응원가 ——— 53

툇마루 단상 ——— 54

시소게임 ——— 56

시간을 돌리며 ——— 58

멀티워크 ——— 60

지나친 풍경 ——— 62

저녁 무렵 ——— 63

울음의 문장 ——— 64

저편 열차를 타고 ——— 65

작설차를 올리며 ——— 67

출구를 찾아서 ——— 68

푸른 숨 ——— 69

팬데믹 ——— 71

산벚꽃은 피고 지고 ——— 72

제4부

장밋빛 시간 ── 75

빗금의 내력 ── 76

독도의 푸른 눈 ── 77

우물이 있던 자리 ── 78

능소화 밑줄 ── 79

비음산 숨소리 ── 80

실종 ── 81

만추 ── 82

아침 스케치 ── 83

담백한 동거 ── 84

말복 매미 ── 85

천둥소리 ── 86

석류의 첫 여름 ── 87

환생의 그늘 ── 88

방리교 ── 89

해 설

황정산 삶의 그늘에서 피어나는 희망의 언어 ── 90

제1부

산길

산은 많은 길을 품고 있다

발길이 뜸했던 산을 오르니
무성한 숲이 길을 막는다

발길 닿지 않는 사이에
오가던 길이 묻혀 버렸다

자주 오가지 못하니
산길이 되어버린 사람아

산도 발길이 닿지 않으면 길을 지운다

모퉁이 돌아 돌아
안 보이던 길 하나 나를 따라온다

맨홀 탈출기

폐업한 지 오래된 식당
비스듬히 기운 메뉴판을 바꿔 달고
수도꼭지를 갈아 끼우자
울컥, 녹물이 쏟아진다

주방 바닥 눌어붙은 기름띠
쉽게 지워지지 않는 내력에는
매장된 어둠이 몇 겹일까

얼룩진 바닥을 닦고 또 닦는데
낡은 배수관 타고 온 민달팽이 한 마리

한 발 오르면
두 발 미끄러지는 길
흐르는 물살로 등을 떠밀어도
악착스레 기어오르는 옆구리에서
끈적하게 날 세운 지느러미를 꺼내며
싱크대 배수구를 뚫고 탈출을 꿈꾼다

한자리에 오래 주저앉은 식당도

어둠을 훌훌 털고 비상을 꿈꾸는 중이다

저만치 골목 끝 맨홀 뚜껑이 하늘을 향해
반쯤 열려 있다

눈송이의 거처

열차가 플랫폼에 도착하자
서가에 책이 꽂히듯
승객들 우르르 빨려들어 자리를 채운다

각각 다른 사계를 품은 출발 신호음에
미끄러지는 바퀴
창밖으로 흘러가는 풍경을 따라가며
누군가는 가슴에 묵혀둔 서사를 펼쳐 들고
어떤 이는 동화를 꺼낸다

페이지가 넘어가는 정차역마다
역의 표정이 바뀌는 것처럼
굽이굽이 스토리가 덜컹거린다

어느 한 구절에 이르자
폭설에 묻혀 지낸 시간이
한 권의 책갈피 속에서 눈송이처럼 흩날린다

긴 터널을 빠져나온 열차가 하얀 숨을 고르며
다가올 날것의 시간을 역마다 부려 놓는다

온도의 기록

종이컵 하나 바람에 나뒹군다

터치 한 번으로 달아오르던 네 눈빛이
차갑게 무너지는 데는
그리 오래 걸리지 않았다

싸늘하게 식어버린 체온
누군가를 데우던 온기가 채 가시기도 전
부풀어 오르던 상상과 밀어는 일그러져 갔다

이따금 바람이 지나간 쪽으로 등을 돌리던 너도
기억을 버리고 어디로 가는 걸까

얼룩만 남긴 밍밍한 체취마저 빼앗으려 몰려온 개미 떼가
테두리 안쪽 남은 인스턴트커피 맛에
비틀비틀 발자국을 찍고 있다

기억의 반경

장대비가 생가지를 찢는 날이면
감나무 잎사귀가 파르르 울었다
비명을 따라가 보면
바람에 밟혀 어지럽던 뒤뜰
여름이 채 가기도 전 허공을 놓쳐 버린
텁텁한 풋감을 거두어
항아리 소금물에 넣고 단맛을 기다렸다

어둠 속에서 수십 번 뒤척이는 동안
풋감은 떫은맛을 버리고
마당가를 서성이던 당신은
항아리에 반듯한 감 하나를 소맷귀에 넣고서
오빠를 만나러 뒷산을 올랐다

그때 비에 찢기는 당신의 등을 무심히 바라보았다

비가 내리는 날은 내게도 물길이 생기고
감나무 생채기들이 마당가로 모여들었다
잎들을 들춰 보면 빗자루 스쳐 간 자리에
아버지 발자국이 선명하게 찍혀 있었다

감나무 그늘 반경
내가 남긴 비질의 생채기도
간밤 빗속 서성인 발자국 지워지지 않는다

꼭지 빠진 풋감을 쫓아 뛰어내린 잎들이
진저리를 친다

빗방울 벽화

우산 꼭 챙기라는
엄마의 당부를 잊은 날은 꼭 비가 왔다
마지막 수업이 끝나기도 전 어김없이 비는 내리고
나는 창밖을 흘끔거렸다

우산을 가지고 온 친구 엄마는
친구의 어깨를 나란히 감싸고 빗속으로 걸어갔다
빗방울 통통 튀는 우산 뒤를 멀찌감치 따라가던 나는
젖은 머리를 쓰다듬으며 담벼락을 두리번거렸다

그때 불쑥 누군가 우산을 씌워 주었다
괜찮다고 도리질하며 뛰기 시작하자
비는 끝까지 나를 쫓아왔다

걷다가 뛰다가 잠시 숨을 고르며 비를 피하는 처마 밑으로
털이 흠뻑 젖은 개가 다가와 온몸을 털었다
나도 부르르 떨었다

담벼락 벽화로 오래 서 있는 날이면
마트에서 종일 일하는 엄마 얼굴이 어른거렸다

늦은 저녁 창밖에서 깜빡거리는 점멸등을 바라보고 있으면
오늘도 엄마는 물웅덩이를 뛰어넘으며
빗방울 걸음으로 집으로 온다

흔한 뉴스

탱자꽃 클로즈업된 화면에서 웬 칼부림 소리가 나는지

나비도 조용히 날던 시골집 동네. 기와집 울타리를 감싸던 탱자나무 가시들이 일제히 빠져나와 기둥뿌리에 박힌다. 조상 벼슬 자랑삼던 자손들이 재산 분배로 한바탕 팔랑팔랑 재롱을 피운다. 맹지에 길이 나고 버려진 묵정밭에 아파트가 들어선다고 하니, 불나방처럼 눈이 뒤집혔다. 안채 대들보에 찢긴 생채기를 멍하니 들여다보던 사랑채 처마의 수막새 하나, 몰려올 태풍 소식에 잔뜩 찡그린 얼굴이다.

울타리 탱자꽃은 끼어들다 봉변이라도 당할까 봐 멀찌감치 물러서서 흰 이를 드러내고 웃는다.

소문의 색깔

너도밤나무 숲속 찻집
둘러앉은 입술에 커피 향이 번지자
소문은 메뉴가 되어 푸짐하게 차려진다

싱거운 이야기들도 누군가 간을 하면 짭조름해지고
침묵하던 혀도 맛을 본다
출처 모호한 말은 검증을 끝낸 사실이 되어
고명까지 얹어진다

없던 말이 생겨나서 부리가 가려운 새들
카멜레온 언술로 한 옥타브 높아진 말들은
짜릿한 청각을 겨냥하고
경계선을 넘어 실체 없는 말을 눈이 든는다

변장술을 부리며 천장과 바닥을 치고받는 소음들이
출구를 찾지 못해 숲으로 돌아와도
새들은 은밀한 사생활을 물어뜯고 즐긴다

둘러앉은 너도밤나무의 자리마다
갓 태어난 비밀을 캐느라

지절대는 소리에 도리질하는 귀

도시에서 날아온 수다는 지치지도 않고
산 하나 거뜬히 넘는다

환절기

회색 외벽에 드리워진 현수막
바람을 터득한 명단이 자랑스럽게 나붙자
힘을 얻은 새들은 창공을 향해
두 날개를 퍼덕이며 날아갔다

한철이 지나면 날아오르는 새들
정든 것들이 잠시 발목을 잡았지만
깃털 색을 바꾸며 떠나갔다

이륙하지 못한 새들
또다시 날갯짓하는 법을 익혀 간다
쪽방 탈출을 시도하며 타던 외줄에
찢긴 깃털이 나부낀다

새살이 돋고 굳은살이 박이고
언젠가는 고공비행과 활공법을 익힐 거라고
허공을 읽어낸 수십 권의 시간이
보따리를 묶거나 풀고 있다

날개를 얻은 새들은 점점 둥지에서 멀어져 간다

그림자놀이

호롱불에 어른거리는 그림자놀이
아버지가 손가락을 펼치면
강아지 토끼가 태어났지요
폴짝폴짝 손끝에서 뛰어내리던
내 유년의 친구였어요

고된 삶 다 풀지 못한 손가락 이야기들
그림자도 함께 거두어 훌쩍 떠났지요

이젠 산마루에 올라 지켜보시는
관객도 없는 쓸쓸한 무대

들메꽃 핀 봉분에서
저녁 어스름이 산 그림자를 떠밀고 있네요

벽돌 쌓기

차곡차곡 벽돌을 쌓는다
수직과 수평의 틈새에 서로의 어깨를 내어 준다

오늘이라는 한 장을
내일이 받아안는다

상하좌우 결속 무늬로 품어 주며
애증으로 버무려진 집

등과 등을 맞대며
소통 부재의 벽이 바람막이가 되어 준다

무거우면 무거운 대로
가벼우면 가벼운 대로
동행이란 가슴에 벽돌 한 장씩 얹는 것

긴 여정에 맞잡은 손 놓지 않는
오래된 약속의 꽃

결혼은 단단한 한 채 성城이다

여행길

하얀 복도를 지나 도착한 마지막 병동
미동도 없이 잠이 든 그녀
검은 리본을 단 차는 어느새 이승의 품을 빠져나와
건너온 쪽의 풍경들을 지운다

그녀를 향해 꽃을 집어 들던 오후의 조문객들이 돌아가고
가지런한 이를 드러낸 사진 한 장이 빈방을 지킨다

어디쯤 지나고 있을까
부려놓은 한 움큼 그리움을 찾으러 다시 돌아오지는 않을까

멈춘 링거줄은 아직도 푸른 정맥을 놓지 못하는데
덜컹덜컹 지나온 길로 바람은 벌써 앞장을 서고
미끄러지듯 움직이는 검은 차 행렬 위로
서쪽 하늘도 야속하게 따라나선다

갇힌 말

앞서가는 여인
원피스 지퍼가 열려 있다
올려줘야 할까
말이라도 건네줘야 할까

지퍼를 향해 다가가던 손이
사선으로 불어오는 바람에
화들짝 제자리로 돌아온다

지퍼가 발걸음에 맞춰 점점 더 내려간다
곧 속살이 드러날 것만 같다
뒤를 경계하듯 그녀의 걸음이 빨라진다

은밀히 들여다보던 여인의 창을
길모퉁이가 닫아건다

이미 때를 놓친 말이 그녀 뒤를 따라간다

오후 2시

텅 빈 운동장
바람붓을 든 남자가 회고록을 쓰고 있다

휩쓸리는 모래로 바닥에 흘려 쓴 글씨
지나던 행인은 해석이 쉽지 않다

넌지시 넘기는 필체의 낱장을
먹구름이 지우려 해도 풀뿌리로 파고드는 통증

어설프게 넘다 쓰러뜨린 허들처럼
축 처진 어깨를 토닥여 줄 관중이 그립다

초록 깃대 든 느티나무가 들려주던 응원가는
구르고 넘어져 주저앉던 자리

함성 같은 회오리바람에 꺾인 가지들이
모였다 흩어지며 트랙을 돌린다

좀체 자리를 뜰 것 같지 않던 남자
불끈 힘을 실은 걸음으로

벌써 몇 번째 트랙을 돌고 있다

쉼표 하나

근린공원 벤치는
각각 다른 나무의 살점이 맞물려 시작된 아늑한 동거다

그늘을 나눠주던 쉼터 위 느티나무 가지는
발치에 놓인 벤치가 젖을까 봐
눈송이를 매달고 빗물을 매단다

빗방울 속 풍경에는
어깨 젖은 택배 상자가 쉬었다 가고
체력 단련 나온 이웃들도 숨을 고르고 발걸음을 가다듬는다

오가는 사람들 잠시 걸터앉아 나누는 사연을
등이 닳도록 받아주는 벤치

유모차를 밀고 나온 엄마와 아기도
손에 쥔 붕어빵을 베어 물며 눈을 맞춘다

어느새 구름을 빠져나온 낮달도 귀를 기울인다

제2부

다시 첫걸음

아가의 첫걸음처럼
아장아장 걸음을 배우는
울 엄마

지팡이 앞세워
한 발 한 발 걷고 있는
울 엄마

어제는 한 걸음 더 걷고
오늘은 한 걸음 덜 걷는
울 엄마

잰걸음 다 빠져나가고
남아 있는 몇 걸음을 챙겨

더듬더듬 걷는
울 엄마

혼자된다는 것은

누가 남겨 놓았을까
휑한 들판에 배추 한 포기

서릿발을 딛고
혹한에 온몸이 얼어가고 있다

시뻘건 세상에 버무려지길 바랐을 텐데
뿌리를 묻고 서서 하얗게 질려 있다

때가 되면 떠날 줄 알았지
옆과 옆이 거두어진 자리에 싸락눈이 내린다

남겨진다는 건
폭설에 무너진 언덕을 밀며 봄 길을 내는 것

들꽃 무덤

움푹움푹 반성문을 써놓고
뒷밭 어린 순을 가져가던 새끼 고라니
환한 봄날에 쓰러져 있다
줄지은 개미 떼 뒤이어 숲속 친구들도 와서 조문한다

뭉게구름은 밭고랑 사이를 어루만지고
몸보다 무거운 삶을 들쳐 메던 개미 떼는
소나무 숲으로 몰려갔다

밭의 푸성귀는 여전히 새끼들을 키우고
턱뼈와 털 몇 올 남긴 주검자리 풀은
몰아쉬던 콧김 끝에 무성하게 자라났다

얼마나 맴돌았을까
식어 가는 체온 앞에서 어미 고라니가 찍어 놓은
발자국 어지럽던 그 자리
한 자락 비 흩뿌리고 지나간 뒤

무덕무덕 들꽃 피어 흔들린다

목련

개나리 클럽 광고지 선전 문구는
단아한 치맛자락을 끌어당겼어

흰빛 봉우리 터트리는 봄날
매화빛 립스틱 꺼내어 보았지
거울 속 여자는 처음인 듯 낯선 얼굴로
바람이 이끄는 대로 발걸음을 옮겼지

희미한 불빛 아래 블루스 선율은
자정이 되자 탱고 리듬에 휘감겼지

계단을 오르는 하얀 새벽달이
회색 도시를 부축하며 빙그레 웃을 때
목련의 치맛자락은 누레지고
삼월의 마지막 밤 솔기가 터지고 있었지

펜션에서

찰싹찰싹 세수를 마친 해는
발코니에 이르러 발그레한 얼굴이다

고춧가루 세 숟가락
소금 한 숟가락

그건 너무 맵잖아
아니야 너무 짜
파도까지 끌어와 밑간을 한다

가자미야?
넙치야?
둘러서서 등을 꾹꾹 눌러보며
육 남매의 주방에 익살이 넘친다

늦잠에서 일어난 쉰다섯 막내
난 구이가 좋아
뒤늦은 주문이다

아옹다옹 맞장구로 떠들썩한 아침

수평선 넘어온 지느러미가 파닥이는 사이

썰물처럼 지나간 붉은 바다에
어머니의 살점은 발려지고
남겨진 뼈가 끓는다

비의 언어

장맛비에 터진 논둑이
길을 지우며 달려가도 빗소리는
그치지 않았다

구름이 수상한 밤이면
불도 켜지 않은 채 어둠 속에
청승맞게 앉아 있던 어머니

약봉지 찢는 소리가 낙수처럼 쌓이는 밤

낮은 호흡으로 신음하던 무릎에
내 무릎을 대어 본다

도할 듯 울어 제끼는 청개구리 떼
저 소리도 때가 되면 마를 것이다

통증을 거두어간 자리에 가만히 누워 본다
개구리 울음소리가 가라앉는다

피서법 엿보기

비가 갠 바닷가
민박집에 짐을 푼 그녀
창으로 잠이 덜 깬 바다를 바라보다
수평선에 걸터앉아 새벽을 흡입한다

나란히 묶인 부표가 출렁이고
잠을 흔드는 파도는 묘박 중인 배를 깨운다

갈매기가 물어나르는 은빛 파도에
요동치지 말라고 나란히 묶인 섬 사이로
빠져나온 바다가 그녀를 데리고 나간다

묶인 일들 다 풀고 가라고
무장 해제된 팔월 바다가 화면 가득 출렁인다

화환들이 줄지어 서 있다

부음을 받고 거울 앞에 앉은 시간이 길어진다

발그레 탱탱하던 볼을 희게 누르고
빨간 립스틱은 가방 깊이 밀어 넣는다
날개 같은 원피스도 내려놓고
무거운 옷으로 갈아입는다

병실에서 환자복 색을 트집 잡던 젊은 상주와
의례적인 위로를 주고받고
들고나는 조문객들로 훈훈한 봄날의 장례식

국화 한 송이 영전에 바치고
화장실로 달려가 거울을 보는 그녀

고인의 생전 어둠은
향불보다 진한 국화 향기에 생략된다

낡은 의자의 자리

볼의 잔털까지 보듬어 안던 고깔모 닮은 종이봉투들이
철 지난 복숭아밭 속 빈 풍경이 되어
버려진 낡은 의자와 도란도란 놀고 있다

성급했던 날들은 다 돌려보내고
내리던 비가 싸락눈으로 바뀔 무렵

흰 모자 흔들리는 소리가 마지막 인사 같기도 한 저녁
치마폭에 안기던 수밀도 생각에 통조림 백도 뚜껑을 연다

꿈속에서까지 달콤하던 엄마의 표정이 떠올라
볼우물을 파먹고 자란 턱뼈를 딱딱 흔들어 본다

나무 아래 던져둔 의자는
굽은 등이 젖고 시커먼 가지 끝
출산의 기억으로 생살 꿰맨 자리에
또다시 부풀어 오르는 꽃눈의 꿈

잠을 몰다

책을 펼치면
어딘가에 숨었던 잠이 달라붙는다
밀려드는 잠
눈꺼풀에 매달려 가속도를 붙인다
잠의 유혹을 떨칠 수 없어 창문을 연다

바람이 쏟아져 들어와도
속도를 조절하지 못하는 잠
꾸벅꾸벅 눈 안에 든 활자가 사방으로 흩어진다

주행로를 벗어난 핸들
연달아 울리는 클랙슨 소리
스크래치 난 범퍼가 어딘가를 들이받고
잠은 몰고 가던 꿈이 파열된다

한낮의 책갈피와 캄캄한 책장
펼친 페이지에 날아든 하루살이

해독되지 않는 숨결을 재빨리 눌러 덮는다

전화번호

추적추적 비가 내리는 날
미처 받지 못한 전화에서 낯선 목소리가 들려온다

어젯밤 내리는 빗속에서 흩어진 낙화를 보았다

그날 지인이 먼 길 떠난 날이라고
담장이 붉게 밑줄을 친다

빗물 흥건한 길바닥에 떨어져 툭툭 모인 꽃들도
삼삼오오 숫자로 알려 준다

내가 먼저 지우지 않는다면
언제까지나 움푹움푹 젖어 있을 비의 숫자

떨어진 꽃잎처럼 익숙한 번호가
빗물에 떠내려간다

동화의 나라

까르르 아기 웃음이
물보라처럼 피어오르고
방 안은 동화책 속의 바다가 됩니다

베개 속에서 빠져나온 솜은
하얗게 부서지는 파도가 되지요

아빠 엄마는 아기의 꿈을 사러
바다로 항해를 떠나고

책갈피에서 빠져나온 친구들과
물장구를 치며 놀다 보니 해가 기울었어요

신나게 물놀이 하던 펭귄과 돌고래는
갈매기를 타고 그림책으로 들어가고

종일 뱃놀이에 지친 아기는
엄마 아빠를 기다리다
스르르 잠이 드는 저녁입니다

천장에 별이 뜨다

귀가하는 행인들 발걸음 소리
창 아래서 점점 멀어지고

먼저 살다간 이의 소망인 듯
천장에 붙여 놓은 형광색 별들
깜빡깜빡 어둠을 삼키고 빛을 내는 시간
뒤척이던 숨결은 깊어진다

덤덤하게 아침은 오고

'어서 일어나라'

천장에 써 놓은 글귀가

돋보기처럼 비치는 아침

불면에 익숙한 고양이는
눈뜨는 남자 옆에 앉아
부지런히 마른 얼굴을 씻는다

지금은 휴전 중

벗어 던진 갑옷투구 나뒹구는 거실
후줄근한 넥타이는 포로를 석방한 포승줄이다

집 안은 아수라장
축 늘어진 군복 왼팔은 욕조에
오른팔은 바닥에 나뒹군다
방패막이 앞치마 두른 취사병은
널린 양말 탄피 바구니에 담으며 종종걸음
전쟁 치르고 돌아온 무사들에게
부대찌개를 끓여 사기를 높인다

무장 해제 한 전우들
다시 전술을 익히느라 신문을 펼치고
오늘의 정세를 분석하고 내일의 지형도를 읽는다

다시 승전을 꿈꾸는 전사戰士들
차 한 잔을 마시는 고즈넉한 평화는
아홉 시 뉴스가 나오면
다시 팽팽한 긴장으로 돌아선다

그 자리

습신 신고 흰빛 수의로 갈아입은 어머니
다시 저승의 신부가 되었다
가묘 앞에 닿았을 때
상여 꽃이 흔들리며 지나온 흔적을 지운다

지관의 몇 마디에 윗자리로 옮겨가는 조상님 묘
조문객의 시선은 온통 이장에 쏠리고
할아버지는 이승을 떠나셔도
며느리 수발 받으며 사실 것 같다

대소사에 얼굴도 모르는 조상 섬기느라
한 줌 갈잎이 되신 어머니
가족묘에 든 당신을 산을 넘어온 뻐꾹새가 위로하는 사이
종갓집 맏며느리 역할을 내려놓았다

그제야 허리를 펴는 긴 잠
꼭 쥔 종이꽃만 남기고 바람은 신부를 안고 사라진다

제3부

상고대 응원가

비장한 어둠을 밀어 올리며
어제와 다른 해가 뜬다

정상을 향해 걷는 길
무사히 해를 버틴 나무들
침엽수 우듬지 결의가 짙푸르다

매운바람이 스쳐 간 움푹 파인 산허리
알몸의 나무들 서로 어깨를 부여잡고
깊숙이 뿌리를 박는다

가파른 비탈에 이르자
쉴 곳만 찾는 발걸음들
한 걸음 내디딜 때마다 손을 흔드는 서리꽃 군무
삭정이처럼 툭툭 부러지는 결심을
배낭 속 깊숙이 밀어 넣는다

툇마루 단상

보퉁이를 안고 고모가 오는 날이면
까치와 까마귀가 오동나무 우듬지 사이를 오가며 울어댔다
고양이 걸음으로 들어오는 고모를 보자마자
버선발 할머니는 무명 치맛자락으로 얼굴을 가려 툇마루로 데리고 갔다
단 한 번도 아버지를 부르며 대청마루를 들어서지 못한 고모
할머니와 고모는 숨죽이며
방문과 대청마루 발걸음 소리에 귀를 기울였다
방문이 열리며 중절모를 가져오라는 할아버지의 엄명이 떨어지면
어머니는 젖은 손을 앞치마에 문지르며
출타하시는 할아버지를 대문까지 배웅했다
그제야 고모와 할머니는 휘파람 같은 긴 숨을 내쉬고는
귀퉁이가 닳은 툇마루에 엉덩이를 내려놓으며 소문 같은 얘기를 나누었다
대청마루에 도포 자락이 들어서면 할머니는 시렁 위에 감춰둔 흰 종이 뭉치와
자줏빛 보자기를 고모에게 건네며 마당 끝을 향해 손을 내

저었다

그믐 같은 눈빛으로 돌담이 하얀 박꽃을 피울 때까지

대청마루를 속절없이 바라보던 고모는

생이별 같은 눈물을 쏟으며 집을 나섰다

아침이 되어도 기척이 없는 할아버지는 박꽃이 필 때마다 몸살을 앓고

할머니는 묵묵히 툇마루를 닦으셨다

시소게임

휘청, 신부가 중심을 잃자
잽싸게 신랑이 부축한다
자신의 날개가 밟혀
당황한 하이힐이 그의 발등을 찍었다

외발뛰기 하는 신랑의 모습에
뒤뚱뒤뚱 홍당무가 된 신랑 신부
위태로운 첫걸음에
하객들 웃음이 축포 터지듯 넘쳐난다

주례 앞에 떨고 있는 두 사람
결혼이란 엇박자 게임

첫 단추로 시작된 게임은
쉽게 멈출 수 없다

지루한 주례사가 끝나고 울리는 웨딩마치
이미 게임에 빠져든 두 사람

손저울 같은 시소가

평행선을 찾아 움직이기 시작한다

시간을 돌리며

희미한 전구 아래 웅크리고 앉아
구멍 난 하루를 뒤집고 있다

숨 가쁜 길 오르며 찾아오는 고객에게
두 팔을 벌리던 가로수도 베어지고
안부를 묻던 길고양이도 사라졌다

우뚝 솟은 신축 건물은 낯선 이들로 채워지고
만물상회를 찾던 이들은 대형 마트로 빠져나갔다

오래되어 사라져가는 것들
파리채 빨랫비누 바늘 옷핀 고무줄…
간간이 찾는 이가 있어 이사도 못 간다는 가게
출입문엔 덕지덕지 붙은 테이프가 그녀의 내력처럼
금 간 유리창을 감싸고 있다

묵은 물건 더미 속에서 오늘도 반쯤 열려 있는 문
용도를 잃어 가는 물건처럼 꾸벅꾸벅 졸고 있는 그녀도
시간의 수레바퀴를 따라가고 있다

오가는 행인들 눈길이 잠시 머물다가 흘러간다

멀티워크

컴퓨터 모니터는 화면 보호 상태로
썰물처럼 빠져나가는 사람들을 바라본다

퇴근 시간 후에도 일이 끝나지 않은 투잡 氏

도로를 메운 차량의 신음까지 실어 나른 엘리베이터는
노동을 마치고 멈춰섰는데

자정이 가까워서야
끌려가듯 지하 주차장으로 터벅터벅 걸어 내려가
묵묵히 기다려준 차 안에 들자
무장 해제된 하루가 눈꺼풀을 덮는다

잠시 겉잠에 든 사이에 꿈속까지 따라온 부장
밤새 작성해야 할 서류들을 책상 위에 내던진다
바닥에 쓰러진 서류를 줍고 있을 때
편의점 교대 시간이 지났다고
연달아 울어대는 핸드폰 알람은 출근을 재촉한다

또 하나의 시간이 달려오고
또 다른 얼굴을 쓰고 시간을 팔려고 나선다

지나친 풍경

속도전으로 날이 선 도로 위에
퍼져 있는 침묵 하나

바람은 속도를 조절하며
생과 사의 경계를 허물고 있다

달리는 길들이
얼룩을 뭉개며 지나가는 한낮
점점 얼룩은 길을 따라 채도를 낮추고

어느새 풍경 하나
속도를 따라 기억 속으로 사라진다

저녁 무렵

강보에 싸인 어린 강아지
벤치에 앉아 숲길만을 바라보고 있다

한 포대 사료가 놓여 있고
목줄은 어디에도 없다

공원을 한 바퀴 돌아서 나오는데
불안한 눈동자에 어둠이 내린다

가랑잎도 쉴 곳만 찾는 저녁이다

아무것도 못 본 듯
집으로 오고야 만 그날 이후
내 꿈속은 바스락거렸다

뒤돌아보며 숲길로 간 그 사람은
어디에서 나부끼고 있을까

울음의 문장

삼월 텃밭 웅덩이가 뭉클하다
봄볕에 꼬리가 짧아지고 다리가 돋아난 올챙이
목련이 필 때쯤 올챙이 이름표를 뗀 개구리들
어미의 당부를 뿌리치고 웅덩이를 벗어나
풀숲으로 언덕으로 각자 길을 찾아 나섰다

세상 두려운 줄 모르는 철부지들
여름이 가기도 전에 도착한 첫 안부
이글거리는 불볕더위에 눌려
차바퀴에 보호색이 찢겼다

밤낮 울음으로 무사 귀환을 바라던
쉰 목청이 웅덩이에 가득 번진다

오래된 기억을 들여다보듯
낯설지 않은 저 곡조

이랑마다 스며드는 필독서를
익숙한 듯 봄이 읽어 내려간다

저편 열차를 타고

가물가물한 눈길로 장독대 한 번 쓰다듬고
뒤란 한 번 둘러보고
머릿속 가족사진 몇 장 티켓인 양 들고
대문을 나서자마자 문패는 바로 바뀌었지요

개찰구 허술한 요양 열차
승차는 오늘 하차는 하늘에 닿는 날이라네요
출구 없는 9호실
기록으로는 토해내지 못한 언어들만 떠돌고

어젯밤 꿈속 환한 텃밭 가로지른 검둥이가
불쑥 문으로 들어오네요

아이들이 돌보기에 힘겹다고 지인에게 보내버렸지요
끌려가는 녀석을 무딘 걸음이 붙잡지 못했어요

무덤 같은 이곳
열차가 어둡고 지루한 터널을 벗어나 속력을 내며
지나온 간이역 풍경들을 하나씩 지우고 있어요

종착역이 가까워지나 봐요
마중 나온 검둥이가 꼬리를 흔들며 달려오네요

작설차를 올리며

방석 귀 밟은 버선발을 황급히 감추며
옷고름 가지런히 묶고 당신 앞에 앉습니다

다소곳한 찻잔 속에는
설익은 생잎의 어제가 있었지요
연둣빛 여린 순에 기침이 닿아서
뜨거움과 차가움 사이에 둔 얼룩진 마음 닦아

먼 길 가신 후에도 시름 내려놓지 못하고
꿈결에도 낮잠처럼 다녀가시는 아버님 전에
그리움 거듭 우려 차 한잔 올립니다

내일은 절 마당 불두화 한 가지 꺾어
길목에 등불처럼 걸어두렵니다

출구를 찾아서

이곳에 꼬리 긴 짐승들이 산다
해마다 점점 꼬리가 길어져
쪽방 문틈에 꽉 물리고
닫을 수도 열고 나갈 수도 없다

불면에 눈자위 올빼미로 깊어져 어지러운 밤
새벽마다 단잠을 흔드는 안부도 뜸해지고
끼니는 간편한 컵밥에 길들여졌다

벽보에 이름이 보이지 않는 날은
네 발인 듯 두 발인 듯 모호한 울음으로
한 뼘씩 꼬리가 더 길어진다

언제쯤 질긴 꼬리 뎅강 잘릴 날 있을까

어둠 속에서 취준생들
긴꼬리에 묶여 비틀비틀 뜬눈으로 새벽을 건넌다

푸른 숨

금이 간 흙벽에 몸을 기댄 지팡이는
모든 걸 다 내려놓고
먼 곳으로 떠날 준비를 하는 걸까

차오르던 나뭇잎들 다 어디로 갔나
곁을 지켜주는 건 바람뿐

개울을 건너 언 발 녹이러 찾아드는 봄
꽃을 물고 마당 가득 들어선다

바람의 충동질에
끝이 휘어진 호미를 들고 파밭으로 내려서는 노인
머릿수건이 훌쩍 날아가자
휘날리는 머리칼이 파꽃처럼 히다

이미 속을 다 비운
끝내 액자로 들어갈 풍경 한 채

쪼그려 앉은 봄볕이
마당의 파밭을 데우고 있다

꼭 다가올 내년의 봄이지만
새벽처럼 고요해진 뜰 안의 결의가
차가운 파밭 위 나비를 부른다

팬데믹

어지러운 세상 이야기
라디오로 흘러나와요
귀를 닫고
바깥의 봄을 찾아 나섰어요

산과 들은 마스크를 쓰지 않고도
고요히 흔들리며
자리를 지키고 있네요

나물 바구니 옆에 끼고
집으로 오는 길
언덕 아래는 멍든 봄이 절룩거려요

내가 사는 세상은 흰 천으로 표정을 감추고 있어요

데리고 온 봄이
캄캄한 저녁 라디오 속으로 흘러들어요

보이지 않는 적에게 생포된 봄이
어디론가 끌려가고 있어요

산벚꽃은 피고 지고

색색으로 와글대는 봄 가라앉히듯
발걸음이 초연하다

계절은 와서 또 어디로 가는지

멀어져 가는 장삼 자락을
범종 소리가 따라간다

저 발길 따라 자근자근 내려놓는 꽃

한 겹 애착 벗으면
세상 번뇌 다 지워질까

외나무다리 건너는 여승 목덜미에
산벚꽃 한 잎 사뿐히 내려앉는다

제4부

장밋빛 시간

마지막으로 그에게 받은 꽃다발
하루이틀 점점 물기가 빠져나간다

짓무른 마음을 싹둑 잘라 락스에 담그자
잊으려 했던 마음이 시퍼렇게 되살아난다

울컥 쏟아지던 붉은 향기도
창을 향해 기별을 기다리던 시간도 지나
끝내 움켜쥔 그리움이 시들해진다

한 다발 마음을 묶어
열흘을 살다간 꽃
마른 피가 꽃병 아래로 흩어진다

빗금의 내력

단잠 사이로 빠져나와
고요를 깨우며 똑딱똑딱 하루를 연다

바다와 하늘과 들녘도
이곳에서 자르고 두드리고 찧다 보면
끝내 남는 것은 칼금뿐

수십 번 물세례로 흘려보내도
다시 불려 나와 고역을 치른다

늘 주방을 맴돌다가
햇살이 눈부신 날
몇 번의 베란다 나들이가 전부

묵묵히 또 누군가의 죽음을 받아안는다

무수히 갈망하던 일탈의 꿈도 접은 채
칼날에 파인 등허리 우묵하다

독도의 푸른 눈

깜빡깜빡 자는 선잠이
외딴섬에 불빛을 밝히기까지
파도는 높고 바다는 검게 물들어 갔다

온종일 펄떡이던 하루가 옷고름을 푸는 시간
풍랑에 불빛 따라 몰려온 고기 떼도
높은 파도에 가슴을 졸인다

표류하던 어선들
바다의 경계선에서 하얗게 밤을 새우며
다시 키를 잡고 항로를 탐색한다

힘차게 펄럭이는 태극기를 바라보며
심장이 뛰는 시간

이곳은 민족의 혼이 깃든 땅
얽힌 역사의 매듭을 풀지 못해
서서 뜨는 푸른 눈

뿌리 깊은 섬 하나 의연히
바다를 지키고 있다

우물이 있던 자리

다가서면 물방울들이 출렁대며 흩어졌다

들여다보면 큰일 날 듯 한사코 말리던 어른들
궁금증에 몰래 들여다본 깜깜하던 물속에서
창백한 얼굴로 사라지는 달

두레박을 당길 때마다 올라오던
무수한 소문들은 실어증처럼 고요하기만 했다

봉하지도 열지도 못한 말들은 전설처럼 이어지고
깜깜하게 차오르던 비명은 이끼에 쌓이고
우물 메운 자리에서 향나무로 자라

오랜 독백처럼 하늘을 뚫고 있다

능소화 밑줄

일기장에 꽃씨 하나 떨어져
매일 행간을 들락거리며
슬며시 나타났다 사라지는 사람
페이지마다 싹을 틔우고 가지를 뻗어
지면에는 붉은 꽃이 피고 붉은 꽃이 지고
손을 뻗으면 닿을 것 같은 그대는 너무 멀어
그리움조차 두려웠다

염천 허공을 휘감는 내 사랑은
그대 창가에서 홀로 타오르며
너무 멀리 와 버린 마음 돌아갈 길 아득해
침묵으로 지새우는 밤
눈빛이 그를 읽는 동안
발밑으로 툭 꽃이 지고
우두커니 우리를 남겨두고 밤은 저 혼자 지나갔다

수없이 켜놓은 꽃등도
끝내 너를 넘지 못해
흐드러진 능소화가 담장을 넘는 밤
선혈처럼 떨어진 마음 발아래 흥건하다

비음산 숨소리

느닷없는 폭우에 긴장했던 숲이
한숨을 토해내는 아침

물에 쓸리는 풀의 머리채를 잡고
풀벌레 한 마리 사투 중이다

나뭇가지 내밀어 다리 하나 잇지 못한 채
지나친 마음을 돌려세운다

자취가 없다
급류에 떠밀려 갔을까
어느 풀숲에서 안도의 한숨을 쉬고 있을까

이승의 풀숲에 떠밀려
지금의 나는 어디쯤인가

무심히 내려앉은 하늘이 적막하여
내쉬는 한숨 끝에서 풀벌레가 운다

실종

햇볕 따스한 돌담 위에 나비 한 마리
가시덤불에 찢긴 옷을 여미며
가쁜 숨을 고른다

놀란 등줄기에 고인 시름 말리며
잠깐 꿈꾸는 사이
푸른 하늘이 사라졌다

너덜너덜해진 날개옷을 펼치는 순간
캄캄한 하늘에서
우레와 소나기가 쏟아진다

세상을 헤매던 저 나비
꽃밭에 닿기도 전

두 날개가
뚝 떨어진다

나비 없는 봄이 돌담 아래로 흘러간다

만추

등이 굽은 담장에 무의 겉잎을 널며
이명처럼 주절댄다
호시절도 잠시라고

촌부의 한마디에 얌전히 묶여 있던 잎들
수런거림이 시작되고
혈기 왕성한 바람과 합세해서
담장 아래로 탈출을 시도하지만
기껏 담장 그늘 안이다

아낙의 손에 붙잡혀 줄을 맞추고
담을 베고 널브러진다

오가는 햇살에
서슬 퍼런 오기 꾸들꾸들 말라가고

풀이 죽은 무청 시래기
드디어 금빛 옷으로 갈아입으며
소신공양에 든다

아침 스케치

뭉게구름 같은 찌개가 주방에서 끓는 시간
콧노래가 거실까지 흘러나온다

따끈한 어묵 하나 베어 물던
산책길을 기억하며 호박전처럼 웃는 그녀

비누 거품 같은 날들이 거듭되어도
앞치마 끈 매는 손에 힘을 주며
냉동실 새우 한 마리 꺼내
눈송이처럼 보슬보슬 희망을 입히고
삶의 무게를 잽싸게 뒤집으면
빳빳하게 살아나는 하루

지느러미 끝에서 출렁이는 파도에
금방이라도 바다로 뛰어들 것 같은
설익은 아침밥엔 뜸이 들고

출근 시간에 맞춰
하루가 담긴 가방이 따라나선다

담백한 동거

뒤따라 오지만 목소리를 들은 적도 없다
침묵과 무표정 무채색만 고집하는 그림자

가끔 타인의 모습에서 언뜻 스쳐 가기도 하고
내 모습이 너에게 비치기도 하지
때론 발밑으로 숨어들어 나를 찾아 헤매게도 하고
저물녘엔 긴 다리로 앞서가기도 하지
복사기처럼 나의 단면을 쉼 없이 찍어내는 너

머리맡에 놓인 습작의 숨결인가
빛이 있어 그림자를 낳게 하듯
곁을 지켜주는 조용한 마음들처럼
늘 곁에 머무는 나의 수호신

말복 매미

이제야 등장한 연주자
모시옷 걸치고 무대에 섰다

소나기 전주곡으로 시작된 음악회
참나무 숲에서 마을 어귀 정자나무에서
폭염 아래 늘어지는 장조들

그늘에 둘러앉은 노인의 삼베 적삼 사이로
팔랑이는 부채질 사이로
금세 빠져나간 여름

그렇게 시작되고
그렇게 끝이 났다

무대엔
텅 빈 옷 한 벌
걸려 있다

천둥소리

    삼대독자 큰오빠 독감에 걸렸다
    병이 깊어지자
    할머니와 어머니 아버지가 출타하신 틈을 타 무당을 불렀다
    탱자나무 울타리와 대나무가 무성한 집
    용마루가 내려다보는 안마당에 굿상이 차려지고
    얼굴도 모르는 조상님 줄줄이 호명한다
    박수무당 장단에 맞춰 누렁이 밥그릇에 붙은 귀신을 떼어 내고
    뒤뜰 배나무에 붙은 귀신도 대나무로 털어 낸다
    유명세를 업고 다니는 무당도
    아버지 발걸음 소리는 듣지 못했는지
    한참 귀신과 힘겨루기하고 있을 때
    이 무슨 짓거리냐며 천둥 같은 고함에 놀란 무당
    혼비백산 보따리를 움켜쥐고 줄행랑치고
    개밥그릇에 붙은 귀신도 흔적을 감추었다

    그 후 우환이 있을 때마다
    할머니 어머니 꿈자리를 어지럽히던 귀신은 사라졌다

석류의 첫 여름

돌담 밖이 궁금한 듯
고개를 내민 얼굴 터질 듯 부풀었다

넘겨보다 마주친 눈빛
두근두근 첫 세상이다

붉은 입술 사이
하얀 이가 눈부시다

슬쩍 끌어당기니
움켜쥔 손이 핏빛으로 물들었다

뜨거운 여름이 알알이 쏟아진다

환생의 그늘

옹이가 박힌 벚나무 한 그루

봄이 되자 왼쪽 겨드랑이엔 새 눈이 돋고
오른쪽 옆구리에는 마른 가지가 부러질 듯 매달려 있다

바람의 각이 꺾이니 꽃망울 터트린 가지가
기척이 없는 가지를 감싸 안고 있다

바람이 불자 꽃그늘에 앉은 어미 앞에
피다만 꽃봉오리가 하나 툭 떨어진다

만개한 꽃을 향해 환하게 웃던 얼굴에
주름 하나 더 긋고 가는 봄날

저 어미 벚나무 옹이가 가려운 만큼
싱싱한 햇가지를 밀어내고 있다

방리교

위태롭게 건너온 길이 물거울에 흔들린다

도시의 거친 신음이 난간을 부여잡고 숨을 고르는 곳

휘몰아치던 강풍에도 두 축을 감당하느라
우뚝 서서 격랑의 시간을 끌어안고 뚝심으로 버틴다

좋은 일 궂은일은 모두 그 다리를 오고 갔다

이웃집 새색시 꽃가마가 건너왔고
할머니 꽃상여도 이곳을 지나갔다

안부가 그리운 사람들이 만나
꽃을 피우고 꽃처럼 지고
미처 닿지 못한 이야기를 흐르는 물이 꿰찬다

안과 밖을 잇느라 저 다리 위에서

또 한 계절이 휑하니 오고 가겠다

해 설

삶의 그늘에서 피어나는 희망의 언어

황정산(시인, 문학평론가)

1. 들어가며

한명희 시인의 이 시집 『맨홀 탈출기』의 시들은 밝고 경쾌하고 따뜻하다. 하지만 그 안에는 그늘처럼 슬픔이 배어 있다. 밝은 이미지와 안온한 어조는 이 그늘을 더 강조하기 위해 사용되었다고 해도 틀린 말은 아니다. 시인은 겉으로는 밝아 보이는 일상의 삶의 현장 한편에 존재하는 삶의 그늘을 들여다보고 거기에서 살아가고 있는 존재들을 향해 애정 어린 시선을 던진다. 또한, 시인은 이 그늘 속 존재들의 내면과 그 내면에 깊이 침윤된 상실과 소외의 정서를 깊이 있게 관찰한다. 그리하여 우리가 외면해온 삶의 진실, 말해지지 않은 고통, 기록되지 않은 존재들의 이야기를 시어를 통해 우리의 의식으로 끌어올린다. 그것은 우리가 미처 보지 못했던 비가시적 존재들이 견뎌온 시간의 층위에 귀 기울이는 행위이기도 하며 숨겨진 진실을 찾아 나서는 탐색의 여정이기도 하다. 한마디로 한명희 시인은 이번 시집 『맨홀 탈출기』는 삶의 어두운 뒤안에서 희망의 빛을 끌어올리려는 언어의 탐색이며 시적 노동이다. 그 노동의 과정을 좀 더 자세히 들여다보자.

2. 슬픔의 근원으로서의 상실과 소외

이 시집의 많은 시편들은 상실과 소외의 감정을 바탕으로 한다. 자연의 아름다운 모습을 따뜻한 눈으로 바라보고 있는 다음과 같은 시에서도 상실의 슬픔이라는 정조가 깔려 있다.

> 움푹움푹 반성문을 써놓고
> 뒷밭 어린 순을 가져가던 새끼 고라니
> 환한 봄날에 쓰러져 있다
> 줄지은 개미 떼 뒤이어 숲속 친구들도 와서 조문한다
>
> 뭉게구름은 밭고랑 사이를 어루만지고
> 몸보다 무거운 삶을 들춰 매던 개미 떼는
> 소나무 숲으로 몰려갔다
>
> 밭의 푸성귀는 여전히 새끼들을 키우고
> 남겨진 턱뼈와 털 몇 올 주검 자리 풀은

몰아쉬던 콧김 끝에 무성하게 자라났다

얼마나 맴돌았을까
식어 가는 체온 앞에서 어미 고라니가 찍어 놓은
발자국 어지럽던 그 자리
한 자락 비 흩뿌리고 지나간 뒤

무덕무덕 들꽃 피어 흔들린다
-「들꽃 무덤」 전문

 이 시는 봄날 쓰러진 새끼 고라니의 죽음을 중심으로 자연 속 생명과 죽음, 애도와 순환, 그리고 무심한 시간의 흐름을 섬세하고도 깊이 있게 포착한 작품이다. 시에서는 새끼 고라니의 죽음을 중심으로 숲의 생명들이 모여 조문하는 장면이 펼쳐진다. 시인은 죽은 고라니가 "움푹움푹 반성문을 써 놓고" 갔다고 하여, 인간과 자연과의 윤리적 관계를 은유적으로 보여준다. 텃밭에 피해를 입혔던 고라니를 유해 동물로 생각하는 것이 얼마나 인간중심적인 사고에 불과한 것인가를 돌아보게 한다. 이런 인식에서 봤을 때 어린 고라니 새끼의 죽음은 자연에서 한 존재가 사라진 것이다. 그 상실감을 시인은 "줄지은 개미 떼 뒤이어 숲속 친구들"이 조문하는 모습으로 바꾸어 표현한다. 여기에는 자연의 동식물마저 한 존재의 죽음을 기억하고 존중한다는 생태적 시각이 담겨 있다.
 하지만 시인은 여기에서도 슬픔의 흔적을 발견한다. "식어

가는 체온 앞에서 어미 고라니가 찍어 놓은 / 발자국 어지럽던 그 자리"라는 구절이 이를 잘 보여준다. 죽은 새끼를 향한 어미의 마지막 발자국은 슬픔과 그리움, 되돌릴 수 없는 시간의 흔적이다. 그 어지럽게 찍힌 자리에 비가 한 자락 스쳐 지나간다. 이것은 그 기억이 희미해지고, 슬픔마저 자연에 흡수되는 순간을 암시한다. 마지막 연 "무덕무덕 들꽃 피어 흔들린다"는 문장은 다시 피어나는 생명력을 의미한다. 이 들꽃은 가련한 한 존재의 죽음을 새로운 생명의 힘으로 치유하는 경배의 꽃이 아닌가 한다.

다음 시에서도 죽음으로 인한 상실감이 잘 포착되어 있다.

추적추적 비가 내리는 날
미처 받지 못한 전화에서 낯선 목소리가 들려온다

어젯밤 내리는 빗속에서 흩어진 낙화를 보았다

그날 지인이 먼 길 떠난 날이라고
담장이 붉게 밑줄을 친다

빗물 흥건한 길바닥에 떨어져 툭툭 모인 꽃들도
삼삼오오 숫자로 알려 준다

내가 먼저 지우지 않는다면
언제까지나 움푹움푹 젖어 있을 비의 숫자

떨어진 꽃잎처럼 익숙한 번호가
빗물에 떠내려간다

― 「전화번호」 전문

 이 시는 낙화를 따라 빗물 속에 흩어진 흔적인 '비의 숫자'를 통해, 잊히지 못한 죽음과 남겨진 이의 슬픔을 서정적으로 그려낸다. 시인은 죽음으로 인한 상실을 고요하게 포착하고, 이를 통해 독자에게 정서적 공명을 유도한다. 시인은 비 오는 날이라는 시공간의 환경적 배경을 통해, 애도의 과정에서 겪는 기억과 망각 사이의 흔들림을 섬세하게 그려낸다. 이 시의 제목인 "전화번호"는 더 이상 기능을 상실한 채 남아 있는 기억의 잔재이고, 그 번호를 지울 수 없는 마음은 아직 끝내지 못한 애도의 상태를 보여준다. 결국, 이 시는 비처럼 스며드는 죽음의 흔적과 그 흔적을 숫자와 낙화로 상징화하여 남아 있는 자의 심리적 외상을 조용하고도 깊이 있게 담아낸 작품이라 할 수 있다. 특히 "익숙한 번호가/ 빗물에 떠내려 간다"는 마지막 구절은 상실감의 슬픔을 아주 잘 형상화하고 있다. 기억마저 시간이 지나면서 빗물에 흘러가면서 사라지지만 이 사라짐마저 우리를 더욱 슬프게 하고 있음을 이 짧은 구절은 우리에게 가슴 아프게 상기시키고 있다.
 또한, 시집 전반에서 이름 없는 존재들에 대한 시인의 따뜻한 시선이 느껴진다. 「실종」의 나비, 「빗금의 내력」의 주방 노동자, 「출구를 찾아서」의 취업준비생들, 이들은 모두 도시의 그늘에서 힘들게 하루하루의 일상을 견디며 사는 존재조차 희미한 이들이다. 그러나 시인은 이들에게 무한한 관심과 애정을 보인다. 한명희 시인은 이들의 삶과 슬픔 속에서 한국 사회의 구조적 소외를 고발한다. 그들이 느꼈을 상실감은 개인의 비극에 머무르지 않고 사회적 통증으로 확장된다.

다음 시는 이 소외의 형태를 잘 형상화한 작품이다.

>너도밤나무 숲속 찻집
>둘러앉은 입술에 커피 향이 번지자
>소문은 메뉴가 되어 푸짐하게 차려진다
>
>싱거운 이야기들도 누군가 간을 하면 짭조름해지고
>침묵하던 혀도 맛을 본다
>출처 모호한 말은 검증을 끝낸 사실이 되어
>고명까지 얹어진다
>
>없던 말이 생겨나서 부리가 가려운 새들
>카멜레온 언술로 한 옥타브 높아진 말들은
>짜릿한 청각을 겨냥하고
>경계선을 넘어 실체 없는 말을 눈이 듣는다
>
>변장술을 부리며 천장과 바닥을 치고받는 소음들이
>출구를 찾지 못해 숲으로 돌아와도
>새들은 은밀한 사생활을 물어뜯고 즐긴다

둘러앉은 너도밤나무의 자리마다
갓 태어난 비밀을 캐느라
지절대는 소리에 도리질하는 귀

도시에서 날아온 수다는 지치지도 않고
산 하나 거뜬히 넘는다
– 「소문의 색깔」 전문

  시의 무대인 "너도밤나무 숲속 찻집"은 이름처럼 겉으로는 평화롭고 정겨운 만남의 공간이지만, 동시에 말과 소문이 부풀고 왜곡되며 흘러나가는 소문의 온상이다. 시인은 이곳에서 벌어지는 언어의 작동 방식, 경계 없는 수다의 확산 그리고 그에 따른 사람들 사이의 소외와 단절이라는 윤리적 불편함을 다층적인 이미지로 포착하고 있다. "출처 모호한 말은 검증을 끝낸 사실이 되어/ 고명까지 얹어진다"는 구절에서 보듯 출처 불명의 정보가 곧 진실로 포장되고, 거기에 또 다른 장식의 언어가 덧붙여지는 과정은 언론, SNS 시대의 정보 과잉과 왜곡을 상기시킨다. 이렇게 한 번 퍼진 소문은 사라지지 않고 되돌아와 또 다른 누군가를 대상화하고 그의 프라이버시를 침범하는 폭력으로 작동한다. "출구를 찾지 못해 숲으로 돌아와도/ 새들은 은밀한 사생활을 물어뜯고 즐긴다"는 문장이 이를 잘 말해주고 있다. 이렇게 해서 소문과 뒷담화는 한 사람에 대한 언어폭력과 심리적 소외를 행사한다. 이처럼 이 시는 상실과 소외를 단지 감상적으로 그리지 않고, 그것이 어떻게 체계적으로 발생하며, 언어와 권력이 어떻게 그것을 고착시키는지를 깊이 탐색해 보여주고 있다.

3. 탈주하기와 초월하기

한명희의 시들은 이 상실과 소외로 인한 슬픔의 정서를 과장하여 감상적 비애에 빠지지 않는다. 그의 시가 슬프면서도 어둡지 않은 이유가 여기에 있다. 그의 시들은 앞서 설명한 상실과 소외를 어떻게 극복하고 있을까? 이 시집의 표제작 「맨홀 탈출기」에서 그 답을 찾을 수 있다. 이 시는 억눌림에서 벗어나려는 존재의 투쟁을 환기하는 이 시집의 핵심 작품이다. 식당의 싱크대 배수구에서 기어오르는 민달팽이는 육체적·정신적·사회적 억압에서 벗어나고자 하는 몸의 형상화다. 좀 더 자세히 살펴보기로 한다.

> 폐업한 지 오래된 식당
> 비스듬히 기운 메뉴판을 바꿔 달고
> 수도꼭지를 갈아 끼우자
> 울컥, 녹물이 쏟아진다
>
> 주방 바닥 눌어붙은 기름띠
> 쉽게 지워지지 않는 내력에는

매장된 어둠이 몇 겹일까

얼룩진 바닥을 닦고 또 닦는데
낡은 배수관 타고 온 민달팽이 한 마리

한 발 오르면
두 발 미끄러지는 길
흐르는 물살로 등을 떠밀어도
악착스레 기어오르는 옆구리에서
끈적하게 날 세운 지느러미를 꺼내며
싱크대 배수구를 뚫고 탈출을 꿈꾼다

한자리에 오래 주저앉은 식당도
어둠을 훌훌 털고 비상을 꿈꾸는 중이다

저만치 맨홀 뚜껑이 하늘 향해
반쯤 열려 있다

- 「맨홀 탈출기」 전문

이 시는 폐허와도 같은 공간인 폐업한 식당에서 시작해, 점차 재생과 탈출의 서사로 나아가는 상징적이고 은유적인 시이다. "폐업한 지 오래된 식당"은 물리적으로는 더 이상 유용하게 기능하지 않는 공간이자, 세월과 무력감, 정체된 시간이 지배하는 곳을 상징한다. 거기에 등장하는 "비스듬히 기운 메뉴판", "눌어붙은 기름띠", "녹물", "낡은 배수관" 등은 시간의 더께와 실패와 몰락의 흔적을 구체적으로 보여주는 이미지들이다. 시인은 이 폐허의 공간에서 민달팽이 한 마리를 발견한다. 그리고 그 하찮은 존재로부터 "어둠을 훌훌 털고 비상을 꿈꾸는" 희망의 가능성을 찾는다. 하지만 분명 이는 쉬운 일은 아닐 것이다. 민달팽이의 힘든 몸짓에서 볼 수 있듯 탈출은 고난의 길이다. 시인은 "한 발 오르면 두 발 미끄러지는 길", "등을 떠밀어도", "악착스레 기어오르는" 등의 표현으로 삶의 역경과 그것을 헤쳐나가고자 하는 부단한 노력을 묘사한다. 이 지점에서 달팽이는 시인의 자화상이기도 하면서 또한 사회적 약자, 억눌린 존재의 페르소나로 읽힐 수 있다. 이 시는 결국, 침잠한 곳에서도 탈출을 꿈꾸는 존재의 미학을 노래하고 있다. "어둠을 뚫고 나아가는 미물의 의지"와 "버려진 공간의 회복 가능성"은 우리 시대의 상처 입고 소외된 나약한 인간 군상을 비추는 메타포로 작용한다. 이렇게 이 시는 고단한 일상, 실패와 좌절 속에서도 자기 구원의 가능성을 믿고 그것을 상상해내는 시적 언어의 힘을 생각하게 한다.

이러한 탈주의 사유는 다른 시들에서 또 다른 이미지로 변주된다.

> 이곳에 꼬리 긴 짐승들이 산다해마다 점점 꼬리가 길어져
> 쪽방 문틀에 꽉 물리고
> 닫을 수도 열고 나갈 수도 없다

불면에 눈자위 올빼미로 깊어져 어지러운 밤
새벽마다 단잠을 흔드는 안부도 뜸해지고
끼니는 간편한 컵밥에 길들여졌다

벽보에 이름이 보이지 않는 날은
네 발인 듯 두 발인 듯 모호한 울음으로한 뻠씩 꼬리가 더 길어진다

언제쯤 질긴 꼬리 뎅강 잘릴 날 있을까

어둠 속에서 취준생들
긴꼬리에 묶여 비틀비틀 뜬눈으로 새벽을 건넌다
- 「출구를 찾아서」 전문

  이 시는 지금 우리 사회에서 청년 세대, 특히 "취준생들(취업준비생들)"이 겪는 불안, 고립감, 생존의 고단함을 은유와 상징을 통해 그려낸 작품이다. 제목 「출구를 찾아서」는 곧 막막한 현실에서 벗어나기 위한 탈출구를 상징하며, 시는 그 출구를 찾지 못한 채 고통스럽게 하루하루를 견디는 존재들의 모습을 적나라하게 그려낸다. 특히 시인은 이들을 "꼬리가 긴 짐승들"로 표현하고 있는데, 여기서 꼬리가 길어진다는 것은 시간이 갈수록 더욱 붙잡히고, 더 얽매이고, 더 무거워지는 삶의 무게를 상징한다. 이는 곧 탈출하지 못한 시

간의 흔적이자 부담이기도 하다. 특히 "쪽방", "컵밥", "올빼미" 등의 소재는 이들이 겪는 빈곤, 외로움, 생존의 비루함을 표현하는 소품들이다.

그러나 "언제쯤 질긴 꼬리 뎅강 잘릴 날 있을까"라는 질문은 서정적 주체가 그 현실에 안주하지 않고 탈출하고자 하는 의지를 다지는 독백이기도 하다. 이는 절망 속에서도 희망 또는 단절의 욕망이 잠재해 있음을 보여준다. 불행의 사슬이 끊어질 날, 탈출의 순간을 간절히 기다리는 마음의 표현이기도 하다. 그래서 그들은 "긴꼬리에 묶여" 있을지라도 "뜬눈으로 새벽을 건"너는 몸부림으로 이러한 현실에서 탈출하고자 하는 노력을 게을리하지 않는다. 시인은 이들의 삶을 안타까운 시선으로 바라보면서 그들에 노력이 무한한 응원을 보내고 있는 듯하다.

다음 시에서 탈출의 이미지는 죽음으로까지 연결된다.

가물가물한 눈길로 장독대 한 번 쓰다듬고
뒤란 한 번 둘러보고
머릿속 가족사진 몇 장 티켓인 양 들고
대문을 나서자마자 문패는 바로 바뀌었지요

개찰구 허술한 요양 열차
승차는 오늘 하차는 하늘에 닿는 날이라네요
출구 없는 9호실
기록으로는 토해내지 못한 언어들만 떠돌고

어젯밤 꿈속 환한 텃밭 가로지른 검둥이가
불쑥 문으로 들어오네요

아이들이 돌보기에 힘겹다고 지인에게 떠나보냈지요
끌려가는 녀석을 무딘 걸음이 붙잡지 못했어요

무덤 같은 이곳
열차가 어둡고 지루한 터널을 벗어나 속력을 내며
지나온 간이역 풍경들을 하나씩 지우고 있어요

종착역이 가까워지나 봐요
마중 나온 검둥이가 꼬리를 흔들며 달려오네요
         -「저편 열차를 타고」 전문

 시의 화자는 집을 떠나 요양원 혹은 임종의 공간으로 향하는 노인의 시점을 취하고 있다. 장독대를 쓰다듬고, 뒤란을 돌아보는 장면은 일상의 마지막 인사를 뜻하고, 가족사진을 "티켓", 즉 차표처럼 들고 나선다는 표현은 이제 삶의 마지막 여행을 떠난다는 의미로 해석된다. 대문을 나서자마자 문패가 바뀌었다는 것은 삶의 자리에서 곧바로 존재가 지워지는 현실의 냉혹함을 보여준다. 이 시의 핵심 주제는 죽음에 이르는 여정 속에서의 고독과 기억 그리고 마지막 그 시간을 탈출로 인정하며 얻게 되는 위안과 치유이다. "저편 열차"는 죽음을 향한 은유적 여정이고, "검둥이"는 인간적인 유대와 사랑의 기억을 품은 존재로 등장한다. 종착역이 가까워질수록 화자는 삶의 풍경들을 하나씩 지우며 이별을 준비한다. 하지만 마지막에는 "꼬리를 흔들며 달려오는" 검둥이가 있어 시는 쓸쓸하면서도 따뜻한 정서로 마무리된다. "종착역이 가까워지나 봐요/ 마중 나온 검둥이가 꼬리를 흔들며 달려오네요"라는 결말은 죽음 이후에 마침내 도달할 수 있는 평온한 어떤 경지를 구체적 이미지로 환기하고 있다. 시인은 죽음이 소멸과 하강이 아니라 안식으로의 탈출이며 새로운 삶의 경지로 나아가는 여정이며 과정이라고 생각한다. 이 시는 이렇게 죽음이라는 피할 수 없는 정거장을 향해 가는 여정에서 인간이 느끼는 소외, 상실, 기억 그리고 회복의 감정을 섬세하게 담아낸 아름다운 시이다. 슬프지만 따뜻한 한명희 시인 특유의 정서가 아주 잘 농축된 수작이다.

4. 맺음말

이 시집 『맨홀 탈출기』는 미미하고 약하고 소외된 존재들의 삶을 꿰뚫어 보고 표현하는 언어 감각과 그들에 대한 무한하고 따뜻한 애정을 포기하지 않는 윤리적 태도를 함께 갖춘 시집이다. 이 시집은 고통을 미화하지 않고, 상실을 과장하지 않으며, 존재의 왜소함을 외면하지 않는다. 시인은 언어를 통해 삶의 그늘에 빛을 비추며, 그 속에서도 여전히 살아 있는 감각과 몸, 고통과 꿈을 길어 올린다. 탈출이란 희망의 다른 이름이 아니라, 견디며 나아가는 삶의 또 다른 방식임을 이 시집의 시들은 말해준다.

『맨홀 탈출기』는 그늘에 놓인 것들의 언어다. 그것은 중심에서 밀려난 자들이 사는 법이며, 우리가 놓치고 있는 삶의 또 다른 풍경이다. 이 시집은 독자에게 묻는다. 당신의 맨홀은 어디에 있으며, 그곳에서 어떤 언어가 자라고 있는가? 그렇게 시인은 우리에게, 다시 삶을 향해 귀 기울이는 자세를 환기시킨다. 그리고 세상에 새로운 길을 내기를 촉구한다.

　　산도 발길이 닿지 않으면 길을 지운다

　　모퉁이 돌아 돌아
　　안 보이던 길 하나 나를 따라온다
　　　　　　　　　　　　　　　　－「산길」부분

　이 시집의 시들을 읽으면 이렇게 안 보이던 길 하나가 우리 눈 앞에 펼쳐진다. 그래서 아무도 눈길을 주지 않아 소외되고 버려진 존재들 사이에 희미하게 존재하는 희망의 탈출로를 만나게 된다.